자연을 사랑한
최재천

글 최재천

우리 시대의 대표적인 통섭학자로서 자연과학과 인문학의 경계를 넘나들며 활발한 연구를 진행하는 동시에 과학의 대중화에도 앞장서고 있습니다. 하버드대학교 은사인 에드워드 윌슨 교수의 책 『Consilience』를 『통섭』이라는 제목으로 번역하여 학문 간 교류와 소통의 필요성을 널리 알렸습니다.

서울대학교 동물학과를 졸업하고 미국 펜실베이니아 주립대학교 생태학부에서 석사학위를, 하버드대학교 생물학과에서 석사학위와 박사학위를 취득했습니다. 미시건대학교 생물학과와 서울대학교 생명과학부 교수를 거쳐 현재는 이화여자대학교 에코과학부 석좌교수와 국립생태원 원장으로 재직 중입니다.

중고생들의 필독서가 된 『과학자의 서재』와 『생명이 있는 것은 다 아름답다』를 비롯하여 40여 권의 책을 저술하거나 번역했습니다. 또한 한국어로 쓴 최초의 저서 『개미제국의 발견』이 2012년 봄에 영문판 『Secret Lives of Ants』로 존스홉킨스대학 출판부에서 출간되었습니다.

그림 최경식

서울에서 태어났습니다. 연세대학교 건축공학과를 졸업하고 그림 그리는 게 좋아서 일러스트레이션을 공부했습니다. 어린이들에게 재미와 따뜻함이 전해지는 그림을 그리고 있습니다. 잡지와 사보에 카툰을 연재했고, 『달달한 인생』 『상도2』, 천재교육 교과서 등 다양한 표지 작업을 했습니다.

자연을 사랑한 최재천

글 최재천 | 그림 최경식

리젬

알면 사랑한다

제 연구실에는 늘 학생들이 버글거립니다. 대학원생과 대학생뿐 아니라 중고등학생은 물론 때로는 초등학생들도 있습니다. 모두 산이나 들로 뛰어다니기 좋아하는 친구들입니다. 그런데 1년에 몇 차례는 아이의 손목을 잡고 부모님이 함께 저를 찾아옵니다. 아이와 함께 제 앞에 앉으시자마자 자못 심각한 얼굴로 이렇게 말씀하십니다.

"교수님, 얘가 그저 벌레만 좋아해요. 이담에 밥이나 제대로 먹을는지 걱정이에요."

이럴 때 저는 도대체 뭐라고 답해야 하나요? 적이 당황스러운 표정을 하던 저는 대개 이렇게 답합니다.

"제가 굶는 것처럼 보이세요?"

부모님 손에 끌려온 그 아이, 벌레만 좋아하는 그 아이가 바로 어렸을 적 접니다. 저는 지금 잘 먹고 잘 삽니다. 눈 뜨고 있는 매 순간 제가 좋아하는 일만 하면서도 집도 있고, 차도 있고, 해마다 좋은 곳으로 여행도 다닙니다. 끼니도 거르지 않고 행복하게 잘 삽니다. 물론 재벌 회장님만큼 돈이 많은 건 아닙니다. 그러나 종종 자연과 함께 한 모험담을 들고 저를 찾아오는 학생들에게 맛있는 점심 한 끼 사 줄 돈은 언제나 제 지갑 안에 있습니다. 이 정도면 저는 진정 남부럽지 않은 부자라고 생각합니다.

세상이 달라지고 있습니다. 그리 머지않아 누구나 거의 100살까지 살게 될 겁니다. 그리 되면 예전처럼 평생 한 직장에서 일하다가 은퇴하고 평안하게 여생을 보내다 가는 게 아니라 대개 직업을 적어도 대여섯 번씩 바꾸며 살게 됩니다.

모두가 예전에 비해 훨씬 오래 살게 되기 때문이지요. 그런 세상이 왔을 때 할 줄 아는 게 기껏 한 가지밖에 없는 사람이 더 잘 살까요, 아니면 풍부한 경험을 바탕으로 다양한 재주가 있는 사람이 더 잘 살까요? 여러 다양한 직장에서 일하려면 당연히 다양한 재능을 지닌 인재가 유리하겠지요.

저는 얼마 전에 그물에 걸려 여러 해 동안 시설에서 쇼를 하던 돌고래들을 다시 야생으로 돌려보내는 일을 했습니다. 제돌이, 삼팔이, 춘삼이를 그들의 고향인 제주 바다로 돌려보낸 후 그들을 따라다니고 있습니다. 이 세 마리의 돌고래는 무사히 무리에 합류하여 다시 찾은 자유를 만끽하고 있습니다. 저는 이참에 아예 참으로 오랫동안 하고 싶었지만 기회가 없어 못했던 돌고래 연구를 시작했습니다. 개미를 비롯한 곤충 연구로 시작한 제 연구 생활은 어느덧 까치와 영장류를 거쳐 이제 돌고래까지 이르렀습니다. 앞으로 또 어떤 새로운 동물을 연구하게 될지 생각만 해도 가슴이 뜁니다.

　신기한 게 하나 있습니다. 어린 시절부터 지금까지 겪은 온갖 다양한 경험들 중 버릴 게 하나도 없다는 겁니다. 이 세상에 쓸모없는 꿈이란 없습니다. "호기심이 고양이를 죽인다"라는 서양 속담이 있지만, 호기심으로 말하면 우리 인간보다 더 많은 동물은 이 세상에 없습니다. 그 사랑스런 호기심, 애써 억누르지 말고 왜 그런지 알아보세요. 이 세상 모든 건 알면 알수록 사랑할 수밖에 없습니다. 우리 모두 자연에 대해 더 많이 알게 되어 더 많이 사랑하게 되기를 바랍니다.

2014년 3월
ㅊㅈㅊ

차례

등장인물

최재천
어릴 적부터 동식물들과 함께 놀고, 책 읽기를 좋아했습니다. 훗날 작은 생명체도 소중히 여기며 시인의 마음을 품은 동물학자가 됩니다.

아버지
육군 장교셨던 아버지는 무뚝뚝하셨지만 재미있는 이야기를 들려주시면서 풍부한 상상력을 키울 수 있게 해 주셨습니다.

어머니
아버지만큼이나 교육열이 강하셨던 어머니는 항상 책을 가까이 하도록 돌보아 주셨습니다.

김계주
최재천이 미국 펜실베이니아 주립대학에 다닐 때 석사 과정 지도교수님이셨습니다.

조지 에드먼즈
세계적인 하루살이 곤충학자입니다. 조지 에드먼즈 교수님이 한국에 방문하셨을 때 최재천은 동물학자의 꿈을 키우게 됩니다.

에드워드 윌슨
미국의 생물학자로 세계 최고의 개미 연구 학자입니다. 최재천은 하버드대학에서 윌슨 교수님의 제자가 됩니다.

남산을 탐험하다

"친구들과 함께라면, 자연과 함께라면
놀고 또 놀아도 질리지 않았다.
자연 속에서 놀 때 나는 가장 자유로웠고 행복했다."

1954년, 바다와 산으로 둘러싸인 강원도 강릉에서 나는 4형제 중 장남으로 태어났다. 어린 시절 대부분을 바다와 산에서 지낸 나는 온갖 동식물을 보고 만지며 그것들과 함께 자랐다. 마치 내 자신이 자연의 일부분인 것처럼 자랐다. 그래서 행복했다.

초등학교에 들어가기 몇 해 전부터 우리 식구는 육군 장교셨던 아버지를 따라 전국 각지를 돌아다녔다. 교육열이 남다르셨던 어머니는 학교에 다닐 때에는 전학을 자주 가는 게 좋지 않다고 생각하셨다. 그래서 초등학교에 다닐 무렵부터 아버지와 떨어져 서울에서 주로 살았다.

하지만 나는 몸만 서울에 있을 뿐 언제나 바닷바람과 강원도 산골짜기 어디에서도 만날 수 있었던 동식물들을 그리워했다. 어머니는 그런 나를 보시며 '우리 아들은 천생 강릉 촌놈이네'라고 말씀하셨다.

지금 생각해 보면 그때 어머니는 공부는 뒷전이고 매일 산으로만 뛰어다니는 아들에게 꾸지람을 주신 것이었는데, 당시에는 그 말이 세상에 둘도 없는 칭찬처럼 들렸다. 촌놈이라는 말이 왠지 자연과 어울려 노는 나를 잘 표현해 주는 말처럼 느껴졌다.

어린 시절 나는 꽤 오랫동안 '강릉병'을 앓았다. 아니 '자연에 대한 향수병'을 앓았다는 것이 더 적합할는지도 모른다. 강릉을 떠나 도시에 머무는 날이 많아질수록 더욱 그러했다. 자연에서 멀어질수록 그랬다. 어린 나이에 무슨 생각을 했는지 모르겠지만, 나는 자연을 그리워하며 점점 자연이 되어 가고 있었다.

몸은 시멘트 건물에 둘러싸여 있는데 마음은 나무에 둘러싸여 있었다. 머리가 어떻게 되었던 거 아니냐고 생각할지도

▶ 서울에서 지내며 강릉이 점점 그리워졌던 초등학교 시절.

모르지만, 정말 그랬다.

5학년을 마친 겨울 당시 어머니는 아들의 명문교육을 위해 이른바 '치맛바람'에 가담하셨고, 그로 인해 나는 6학년 1학기가 시작하고도 두어 달 동안 학교에 가지 못했다.

그런데 학교에 가지 않은 그 두 달이 나에게는 더할 나위 없이 행복한 시간이었다. 천국이 따로 없었다. 답답한 교실에 앉아 교과서와 공책을 벗 삼는 일 대신 나무와 개울을 친구

삼아 뛰어놀았으니 오죽했겠는가.

나는 혼자 남산 구석구석을 뒤지며 놀았다. 산은 보물창고였다. 뒤지면 뒤지는 대로 새로운 것들이 불쑥불쑥 튀어나왔다. 더군다나 만물이 생동하는 봄이었잖은가. 겨울과의 숨바꼭질을 끝낸 새싹들이, 꽃들이, 새들이 기지개를 켜며 보란 듯이 생기를 뿜어 댔다.

나는 혼자 노는 것에 관한 외로움도 느끼지 못하고 그 봄날을 만끽했다. 그때마다 불쑥불쑥 마음속에서 푸른 새싹들이 돋아났다. 어서 빨리 누군가에게 보여 주고 싶었다. 그 산을, 그 개울을, 그 봄을, 그 마음을.

그렇게 한참 혼자만의 시간을 보내며 남산 탐사를 한 다음, 동네 친구들이 학교에서 돌아오면 친구들을 끌고 또 남산에 올랐다.

친구들과 나는 산에서 노는 것도 노는 거지만, 가재 잡기를 특별히 좋아했다. 당시 남산에는 여러 개의 크고 작은 개울이 있었다. 우리는 개울 이쪽저쪽을 다니며 가재를 잡았다. 지금은 그 개울들이 전부 옛 모습을 잃고 말았다. 무척 서운한 일이다.

아무튼 그렇게 친구들과 나는 하루가 멀다 하고 남산에 올랐다. 많은 동식물들에게 우리만의 이름을 붙여 주며 말도 안 되는 이야기들을, 그래서 더 멋지고 재미있는 상상들을 할 수 있었다. 친구들과 함께라면, 자연과 함께라면 놀고 또 놀아도 질리지 않았다.

자연 속에서 놀 때 나는 가장 자유로웠고 행복했다. 그리고 이러한 경험은 이후 내가 동물학자로서 살아가는 데 무엇보다 소중한 자양분이 되어 주었다.

시인의 마음을 품다

"지금 와 생각해 보면 나는 이야기 듣는 걸
좋아하는 아이였고 아울러 이야기 상상하기,
이야기 만들기를 좋아했던 아이였다."

나는 동물을 연구하는 자연과학자이지만 여전히 '시인의 마음'을 간직하고 있다. 그리고 이러한 마음의 첫걸음이 되어 준 것이 바로 아버지이다.

아버지는 육사를 졸업하신 육군 장교로서 엄격함이 몸에 배어 있었다. 늘 규칙적인 생활을 하셨고 말씀을 많이 하지 않으셨다. 그러니 자식들에게도 그다지 다정다감한 편은 아니셨다.

하지만 아버지는 자식들 교육에 관해서는 그 열의가 대단하셨다. 늘 이것저것을 직접 가르쳐 주셨다. 아버지는 항상

▶ 육군 장교셨던 아버지, 어머니와 함께.

바쁘셨지만, 일부러 시간을 내 서울 집에 자주 오시기도 했는데, 우리 형제들 교육 문제 때문이었다. 그 당시 아버지는 분명히 무뚝뚝하셨고 대하기 어려운 분이셨다. 하지만 나는 이상하게도 '언제쯤 아버지가 오실까?' 생각하며 기다리곤 했다. 아버지와 함께 하는 한글 공부와 아버지께 듣는 이야기가 너무 재미있어서였다.

아버지는 여느 아버지들처럼 책을 읽히면서 글을 가르쳐 주시는 게 아니라 이야기를 들려주시면서 글을 깨우칠 수 있도록 하셨다. 조금은 독특한 방법이었다.

신기하게도 아버지는 재미있는 이야기를 엄청 많이 알고 계셨다. 어디서 이야기보따리라도 가지고 오시는 듯 만날 때마다 새로운 이야기를 들려주셨다. 우리가 익히 알고 있는 전래 동화에서부터 전혀 들어 본 적이 없는 이야기까지.

그중에서 내가 가장 좋아했던 이야기는 생텍쥐페리의 『어린 왕자』*와 영화 〈E.T.〉*의 내용을 절묘하게 섞어 놓은 듯한 이야기였다.

★ **어린 왕자** 프랑스 작가 생텍쥐페리가 1943년에 발표한 동화입니다.
★ **E.T.** 1982년에 개봉된 스티븐 스필버그 감독의 영화로 외계인 E.T.와 어린이들과의 우정을 담고 있습니다.

지금은 정확하게 기억나지 않지만, 아버지가 들려주신『어느 별에서 온 아이』이야기의 줄거리는 대충 이러했다.

> 한 소년이 여러 별을 여행하다가 지구에 도착한다.
> 그러고는 비행기 조종사를 비롯하여 여러 사람들을 만난다.
> 소년은 그들과 사귀게 되고 정이 든다.
> 하지만 소년은 고향 별에 대한 향수를 늘 간직하고 있다.
> 그러던 어느 날 드디어 소년은 그곳으로 돌아간다.

이렇게 보면 별 볼 일 없는 이야기처럼 보이지만 당시에는 완전히 몰입해서 들었던 기억이 난다. 나중에 고등학생이 되어『어린 왕자』를 읽었는데, 사실 아버지께 들었던 것만큼의 희열을 느끼지는 못했다. 그만큼 아버지는 타고난 이야기꾼이셨다.

어쨌거나 아버지는 그렇게 재미있는 이야기를 들려주시고
난 뒤에는 항상 나에게 물어보셨다.

"소년이 처음으로 만난 사람은 누구였지?"

"비행사요."

"그래, 비행사지. 자 이 앞의 자가 비고, 다음 자가 행, 그
다음 자가 사란다."

이처럼 아버지는 이야기를 다 해 주신 뒤에 거기 나오는
사람이나 동물이나 지명을 하나씩 물어보시면서 글자를 가르
쳐 주셨다.

이때 아버지는 직접 만드신 '한글 교구'를 사용하셨는데,
바로 손수 만드신 딱지였다. 아버지는 한글이 적힌 여러 개의
딱지들을 가지고서는 나에게 직접 글자를 조합해 보도록 하
셨다.

그렇게 이야기를 듣고 딱지를 가지고 글자를 익히면서 나
는 빠르고 정확하게, 그리고 단단하게 한글을 익혀 나갔다.

이처럼 이야기를 들으며 배운 글자들은 글자 자체로만 머
물지 않았다. 이 글자들은 그 하나하나가 각각 나의 상상력을
자극하는 요소가 되었다. 나는 글자와 낱말 들을 가지고 머릿

속에서 다양한 상상의 세계를 만들곤 했다.

지금 와 생각해 보면 나는 이야기 듣는 걸 좋아하는 아이였고 아울러 이야기 상상하기, 이야기 만들기를 좋아했던 아이였다. 그러니까 그 글자들은 내 상상력의 푸른 씨앗이었다. 그 씨앗들을 소중히 다룰 줄 아는 마음, 그 씨앗들의 싹을 틔우려는 마음, 아마도 그런 마음이 바로 시인의 마음을 품게 된 첫 걸음이 아닐까 생각한다.

재천이는 책벌레

"나는 세계의 동화 덕분에 또래보다 조금 일찍
성숙했고 나만의 빛깔을 찾았으며 그 빛깔로 어떻게
세상을 물들여야 할지 생각할 수 있었다."

"재천아! 이리 좀 와 보렴."

어느 날 어머니가 방 안에 있던 나를 마루로 불러내셨다.

"무슨 일이에요?"

마루로 나가 보니, 한쪽에 책들이 쌓여 있었다.

"엄마, 이게 다 뭐예요?"

"세계 동화 전집이야. 비싸게 주고 샀으니까, 열심히 읽어
야 된다."

어머니는 마치 보물이라도 다루시듯 책들을 어루만지며
말씀하셨다.

'세계 동화 전집이라!'

어머니는 내가 이야기 듣는 걸 좋아하니 당연히 동화책도 잘 보겠거니 생각하신 모양이었다.

하지만 나는 책 읽기를 즐기는 아이는 아니었다. 당시만 해도 교과서 외에는 읽을 만한 책이 거의 없었고 책을 읽는 것보다는 산에서, 개울에서 뛰어노는 게 더 좋았다.

그런 내가 책에 관심을 갖기 시작한 건 초등학교 4학년 무렵부터이다. 지금이야 그렇지 않지만, 내가 어릴 때는 빈둥거릴 시간이 참 많았다. 공부에 취미가 없었던 나 같은 아이에겐 더더욱 그러했다. 나는 수업이 끝나면 학교 운동장에 나가 공을 찼고, 집에 돌아와서도 골목길에서 딱지치기를 하며 뛰어놀았다. 그런데도 시간이 남았다. 그러면 마루나 방에 누워 빈둥빈둥 시간을 보냈다.

그렇게 조금은 지루하고 평온하게 시간을 보내던 때였다. 방 한쪽 구석에 있던 책장에서 '동아 백과사전'을 발견했다.

'어, 저게 뭐지?'

나는 늘어진 몸을 벌떡 일으켜 세웠다. 그러고는 책장에서 책을 꺼내들었다. 그런데 우연히 발견한 백과사전은 그야말

로 놀라움 그 자체였다.

세상의 온갖 신기한 것들에 관한 이야기가 책 속에 담겨 있었다. 어디 이야기뿐인가. 총천연색 사진들은 눈까지 즐겁게 해 주었다. 그때도 내가 자주 들춰 보았던 분야는 동물에 관한 것이었는데, 사진을 통해 처음 보는 동물들을 접하는 것이 그렇게 즐거울 수 없었다. 나는 틈만 나면 백과사전을 읽고 또 읽었다.

그러니 어머니가 사 오신 세계 동화 전집에는 아무런 관심도 두지 않았다. 세상의 모든 게 들어 있는 한 권의 책! 백과사전이라는 마법의 책이 있었기 때문에 굳이 몇 십 권의 책이 필요하지 않았다. 그렇게 백과사전에 흠뻑 빠져 지내던 어느 날 한 권의 책이 눈에 들어왔다. 바로 『사랑의 학교』*였다. 이때를 계기로 지금까지도 책과 떼려야 뗄 수 없는 관계가 된 게 아닐까 생각한다.

세계 동화 전집은 총 열두 권이었는데, 그중 1권이 엑토르 말로의 『집 없는 천사』였고 2권이 에드몬드 데 아미치스의 『사랑의 학교』였다.

★ **사랑의 학교** 이탈리아 작가 에드몬드 데 아미치스가 1886년 발표한 동화입니다.

둘 다 지금도 내가 가장 좋아하는 동화이다. 언젠가 한 신문사에 서평을 연재할 때 『사랑의 학교』를 소개하면서 이제는 명실상부 내가 가장 좋아하는 동화가 되었다.

이 동화는 주인공 엔리코가 학교생활을 하면서 겪은 여러 가지 사건들을 관찰하여 적은 일기 형식의 글이다. 친구들과의 우정, 부모님의 깊은 사랑, 선생님과 학생들 간의 정, 고난과 역경을 이겨 내는 의지 등이 읽는 사람의 마음을 사로잡는다.

나는 이 동화에 담긴 정의와 우정과 사랑의 의미를 여전히 뼛속 깊이 간직하고 있다. 사람과 사람 사이에 인연이라는 것이 있듯 사람과 책 사이에도 그런 인연이 있는 게 아닌가 싶다.

세계 동화 전집이 눈에 들어오기 시작할 때부터 나는 백과사전은 까맣게 잊고 지냈다. 모르는 사실을 아는 것도 좋았지만, 없는 세계를 상상해서 만드는 건 요즘 말로 완전 짱이었다.

세계의 동화를 읽으며 나는 그때 이미 세계 일주를 했고, 세상의 모든 인물이 되어 보았다. 그뿐만이 아니었다. 나는 세계 동화 전집을 통해 비로소 '생각하는 사람'이 되었다.

그리고, 알라딘은 어깨를
숙여 양탄자 아래쪽을
바라보았습니다.
하늘을 나는 기분은 조금
무섭기도 했지만 짜릿했
습니다.
"와! 멋지다!"
알라딘은 나...

후크 선장이 피터
말했습니다 피터...
"덤벼라, 피터팬!"
그리고는 갈고리를 번쩍
들어 보였습니다.
그때였습...

아더왕이 마침내 돌에서
검을 뽑았습니다.
사람들은 환호성을
질렀습니다.
"만세! 만세!"
"아더왕 만세!"
아더왕은 검을 들고서
...세를 했습니다.

세계동화전집

5

육지가 너무 궁금한
인어공주는 친구들에게
물어보러 다녔습니다.
"나도 잘 몰라"
하지만 아무도 육지소식을
알지 못했습니다.
"혹시 마녀라면 육지에
대해서 알지도 몰라"
"마녀?"

그전까지는 산으로, 개울로 놀러 가는 개구쟁이에 불과했지만 세계 동화 전집을 읽기 시작하고부터는 단순히 눈에 보이는 것들뿐 아니라 그것들이 지니고 있는 이야기가 궁금해지기 시작했다.

그때부터 나는 머릿속으로 동화라는 것을 써 보기 시작했다. 순수 창작일 때도 있었지만 대개는 읽은 이야기를 내 식대로 고쳐서 새로운 동화를 만들었다. 거창한 시작과는 다르게 결말은 늘 기존의 동화와 똑같았지만 말이다.

자연의 일부가 되어 뛰어노는 일이 동물학자로서의 나를 발견하게 해 주었다면, 세계 동화 전집은 글쟁이로서의 나를 발견하게 해 주었다.

아마도 다른 아이들처럼 위인전부터 읽었더라면 나의 성향 역시 지금과는 많이 달랐을 것이다. 꼭 집어 얘기하긴 어렵지만, 세계 동화 전집을 먼저 읽은 것이 나에게는 매우 긍정적인 영향을 끼쳤다고 생각한다.

나는 세계의 동화 덕분에 또래보다 조금 일찍 성숙했고 나만의 빛깔을 찾았으며 그 빛깔로 어떻게 세상을 물들여야 할지 생각할 수 있었다. 그리고 그 생각들은 내 이성과 감성의 범위를 넓히는 데 아주 중요한 밑바탕이 되었다.

　이후 나는 중학교에 진학하여 소설이라는 것을 접하기 전까지 세계 동화 전집에 대한 무한 애정을 거두지 않았다. 때와 장소를 가리지 않고 보란 듯이 책을 읽고 다녔다. 나도 모르게 나는 점점 '책벌레'가 되어 가고 있었다.

　그러고 보면 내 삶은 벌레와 떨어지려야 떨어질 수 없는 것 같다.

재미있는 방황을 시작하다

"텅 빈 교실에 홀로 앉아 있어 보기도 했고,
이해도 안 되는 책을 쌓아 놓고 뒤적거려 보기도 했다.
지금 생각해 보면 중학생다운 귀여운 행동이지만,
그때는 꽤나 심각했다."

1964년 봄, 나는 중학교에 입학했다. 그리고 그때부터 나는 '재미있는 방황'을 시작했다. 재미있는 방황이라니…….

나를 잘 알지 못하는 사람들은 내가 공부만 한 모범생으로 알고 있다. 그래서 참 재미없게 살았을 것이라고 추측한다. 하지만 보기와는 다르게 나는 방황을 많이 했다.

중학교에 입학한 후 나는 동화를 좋아하는 아이에서 시에 빠진 사춘기 소년이 되었다. 나는 시인이 되겠다고 마음먹었다. 시인만이 나의 길이라고 믿었다. 이른바 '문학소년'이 되어 가고 있었다. 당시 나는 여전히 이야기로 이루어진 세계에

흥미를 느꼈지만 시의 멋스러운 매력에 젖어들었다.

사실 내가 처음 시인이 되겠다고 생각한 것은 초등학교 3학년 때였다. 당시 서울에서 대학을 다니던 큰삼촌이 나를 위해 백지로 노트 한 권을 만들어 주었다. 백지가 귀하던 시절이라 노트를 받아 들고서는 하늘을 날듯이 기뻐했다.

▶ 중학교에 입학한 후 나는 문학소년이 되어 가고 있었다.

노트는 내 보물 1호가 되었고 나는 언제 어디를 가더라도 그 노트를 옆구리에 끼고 다녔다. 한번은 단짝 친구 윤승진과 노들길에 있던 어느 농장으로 놀러 간 적이 있었다.

"재천아, 그건 뭐야?"

"내 보물 1호. 우리 삼촌이 만들어 준 노트야."

"와! 이거 엄청 멋지다!"

승진이는 두 눈을 동그랗게 뜨며 말했다.

승진이와 나는 그 농장에서 많은 시간을 보냈다. 승진이는 그곳에서 노래를 불렀고, 나는 승진이의 노랫소리를 들으며 시를 쓰곤 했다.

'초등학교 3학년짜리가 시를 쓴답시고 공책을 끼고 다녔다니!'

지금 생각해 보면 나조차도 입가에 미소가 번지는 일이다. 하지만 그 당시는 꽤나 진지해서 여러 편의 시를 썼던 것으로 기억한다. 그리고 중학생이 되면서 시인이 되고자 하는 꿈은 실현 가능한 꿈으로 한 발짝 더 다가갔다.

중학교에 들어가 시에 대한 관심이 다시 한 번 꽃피우게 된 건 교지 때문이었다. 중학교에 들어와서도 학교생활이나

공부에 재미를 느끼지 못하던 내게 학생들의 시가 실린 교지는 엄청나게 근사해 보였다.

"교지는 누가 만드는 거야?"

나는 친구를 붙잡고 물었다.

"교지? 문예반이 만드는 거지."

친구는 당연한 것도 모르느냐는 듯이 대답했다.

"그럼, 교지에 시는 어떻게 실리는 거야?"

나는 진짜 물어보고 싶었던 것을 조심스레 말했다.

"시를 써서 문예반 선생님께 드리면 돼. 시가 뽑히면 교지에 실릴 수 있어."

친구는 밝게 웃으며 대답했다.

나는 친구의 말을 듣고 「밤하늘 형제별」이라는 작품을 썼다. 교지에 실린 선배들의 작품들과는 수준 차이가 있는 동시 같은 시여서 부끄러운 마음으로 문예반 선생님께 갖다드렸다. 그런데 그해 말에 그 작품이 다른 선배 작품들과 함께 교지에 실렸다. 아마 아직 때 묻지 않은 1학년의 작품이라 뽑힌 것 같다.

뽑힌 이유야 어찌 되었든 상관없었다. 그저 내 시가 멋진 교지에 실렸다는 것만이 중요했다.

'아, 그때 기분을 뭐라고 표현해야 할지…….'

기르던 식물에서 처음으로 작은 꽃송이가 핀 것을 본 기분이라고나 할까? 시인이 되겠다는 마음의 봉오리가 탱탱하게 영그는 것 같았다. 그리고 1년 뒤 이 봉오리가 활짝 열리는 계기가 뜻하지 않게 찾아왔다.

어느 날이었다. 친구들과 운동장에서 한창 공을 차다 잠시 쉬고 있는데, 열댓 명의 아이들이 국어 선생님 뒤를 따라 어딘가로 가고 있었다. 나는 궁금한 마음에 아이들 쪽으로 얼른 달려갔다.

"선생님이랑 어디 가는 거야?"

나는 맨 뒤에 따라가던 아이에게 물었다.

"백일장 대회에 참여하려고 가는 중이야."

그 아이가 대답해 주었다.

"백일장 대회? 나도 가고 싶은데……."

"국어 선생님께 말씀드려 봐."

이야기가 끝나기 무섭게 나는 국어 선생님께 달려갔다. 그리고 백일장 대회에 나가고 싶다고 말했다. 가만히 나를 지켜보셨던 선생님은 잠시 후 알았다는 듯이 고개를 끄덕이셨다.

나는 너무 신 나 쏜살같이 가방을 챙겨 일행과 함께 갔다.

백일장은 경복궁에서 열렸다. 백일장 시제는 고궁, 낙엽이었다. 주어진 시간은 세 시간. 나는 아무런 준비 없이 참석했기 때문에 한동안 가만히 있었다. 그렇게 한 시간을 훌쩍 보내고 나서야 비로소 낙엽이라는 제목으로 시를 썼다.

백일장에 갔던 일을 까맣게 잊어 가던 어느 날, 세계사 수업 시간에 선생님이 교실로 들어오시면서 다짜고짜 내가 장원 급제를 했다고 말씀하셨다.

이게 웬일인가? 백일장 장원으로 내가 뽑힌 것이었다. 그해 백일장 대회는 그 어느 때보다 규모가 컸고, 심사는 장만영* 시인이 직접 보았다. 내 작품이 시인에게 뽑히다니!

나는 한순간에 교내 유명 인사가 되었다. 친구들은 나를 '시인'이라고 부르기 시작했다.

한번은 이런 일도 있었다.

국어 수업 시간이었다. 선생님이 한창 수업을 하시다 말고

★ **장만영** 호는 초애(草涯). 1914년 1월 25일 황해도 연백에서 태어났습니다. 1932년 경성제2고등보통학교를 마친 후 일본에 유학하여 도쿄 미자키영어학교(三崎英語學校)를 졸업했습니다. 시집으로는 『양』 「축제」 「유년송」 「밤의 서정」 등이 있습니다.

는 나를 지목하며 물으셨다.

"어이, 우리 시인. 여기 이 작품에 대해 어떻게 생각해?"

내게 들린 것은 선생님의 질문이 아니라 '시인'이라는 말이었다. 내가 당황한 듯 얼굴을 붉히며 입을 꾹 다물고 있자 선생님이 짓궂게 다시 말씀하셨다.

"우리 시인이 놀랐나 보네."

그때부터 한동안 나는 친구들 사이에서는 물론 선생님들한테서도 시인이라는 말을 들었다. 처음에는 시인이라는 말이 쑥스러울 뿐이었는데 계속 그 말을 듣다 보니 어느새 정말 내가 시인이 된 것 같은 기분이 들기도 했다.

'역시 나는 시인이 될 사람이야.'

혼잣말을 하며 나는 내 꿈을 거의 결정해 버렸다. 그 후 자연스레 문학을 더 가까이 했다.

지금까지의 이야기만으로는 내가 방황과는 거리가 먼 것처럼 보일 것이다. 그런데 호사다마라는 말이 있듯이 곧 방황이 시작되었다.

평생 시를 쓰며 살겠다고 마음먹었는데 점점 내 시가 좋게 느껴지지 않았다. 이런저런 노력을 해 봐도 또래나 선배들에 비해 내 시는 꼭 어린애가 쓴 동시 같았다.

창작의 고통과 더불어 이상한 열등감 같은 것들이 스멀스멀 피어났다. 그러다 보니 자연히 문예반과도 멀어질 수밖에 없었고, 문예반 사람들과도 쉽게 섞이지 못한 채 겉돌았다.

'나에게 부족한 게 대체 뭘까?'

밤잠을 설치면서까지 고민했다.

텅 빈 교실에 홀로 앉아 있어 보기도 했고, 이해도 안 되는 책을 쌓아 놓고 뒤적거려 보기도 했다. 지금 생각해 보면 중학생다운 귀여운 행동이지만, 그때는 꽤나 심각했다.

이런 괴로움과 고민은 중학교를 졸업하고 고등학교에 진학해서도 이어졌다. 이런 점을 미루어 볼 때 당시의 나는 무척 감수성이 풍부한 소년이었던 듯싶다.

'차라리 시를 쓰지 말까? 시인이 되겠다는 꿈을 버릴까?'

처음으로 시인이 되겠다는 꿈을 포기해야겠다고 생각한 것도 그 무렵이었다. 하지만 시에 대한 마음을 쉽게 버릴 수 없었다. 나는 언제나 시의 곁에서 맴돌았다.

그런데 그즈음 어정쩡하게 문예반 활동을 하며 방황 중인 나에게 또 하나의 꿈이 불쑥 찾아왔다.

꿈이 있는 방황

"꿈이 없는 방황, 누구나 할 수 있는 방황은
진정한 방황이 아니다. 가짜 방황이다.
재미없는 방황이다. 방황이 방황다울 수 있는 건
꿈을 품고 있기 때문이다."

고등학교 2학년 첫 학기가 막 시작되었을 때였다. 미술 시간에 비누 조각 과제물을 채점하시던 오경환 미술 선생님이 내가 밤을 꼬박 새워 조각한 작은 불상 앞에 가만히 서 계신 게 아닌가. 잠시 후 선생님이 말씀하셨다.

"최재천, 그거 들고 교탁 쪽으로 나오도록 해."

나는 어안이 벙벙한 채로 앞으로 나갔다. 아이들도 무슨 일인가 싶은 표정을 지었다.

"다들 볼 수 있게 불상을 들어라."

"네?"

"네가 조각한 걸 애들한테 보여 주어라."

나는 선생님의 지시대로 불상을 높게 들었다. 왠지 모를 쑥스러움이 밀려왔다.

"지금까지 실기 점수는 만점을 준 학생이 없었는데, 처음으로 만점을 주겠다."

선생님 말씀에 아이들이 술렁였다. 나 역시 깜짝 놀라 선생님을 쳐다봤다. 평소 미술 교과에 관심이 있었던 것도 아니고 비록 밤을 새워 만든 조각품이긴 해도 벼락치기로 만든 것인데 만점을 받다니. 뭔가 이상해도 대단히 이상한 일이 벌어진 셈이었다.

그때 수업을 마치는 종소리가 울렸다.

"방과 후에 교무실로 오도록 해라."

선생님은 다시 한 번 불상을 유심히 보신 후 나를 빤히 쳐다보시며 말씀하셨다.

수업이 끝난 후 나는 교무실로 가서 선생님 앞에 섰다.

"재천아, 미술반에 들어오는 게 어떻겠니?"

"미술반이요? 전 지금 문예반에서 활동을 하고 있는데요. 이제 입시 공부도 해야 하고요……."

"음……. 그런데 그 비누 조각 네가 직접 만든 거냐?"

"네. 제가 직접 한 건데요."

나는 한 치의 망설임도 없이 대답했다.

"아니야. 고등학생이 이렇게 조각을 할 수는 없어. 정말 네가 한 거야?"

선생님은 짐짓 사나운 눈빛으로 나를 보시며 또 한 번 물으셨다.

나는 화가 나고, 억울하기까지 했다.

'왜 내 말을 믿어 주지 않는 걸까?'

나는 입술을 슬며시 깨물었다.

"정말, 제가 했는데요."

"그래? 그럼 미술반에 들어와서 증명을 한번 해 봐라. 그럼 믿어 줄게."

선생님은 이미 이런 상황을 예측이나 하셨다는 듯이 빙그레 웃으시며 말씀하셨다.

"알겠습니다!"

나는 큰 소리로 대답했다.

당장이라도 미술반에 가서 내 조각 실력을 보여 주고 싶은 심정이었다. 문예반 활동을 하고 있을 때였지만 억울한 마음 때문에 앞뒤 분간이 잘 가지 않았다. 하지만 그보다도 마음속에서 무언가가 꿈틀꿈틀 움직이는 게 느껴졌다.

내 조각 실력을 증명하는 것과는 다른 문제였다. 나한테 미술에 대한 재능이 있었던 걸까, 라는 궁금증을 내 스스로 풀어 보고 싶은 기분이었다.

그날 나는 머리를 감싸고 깊이 생각했고, 고민 끝에 지금 껏 한 번도 꿈꿔 보지 않았던 것을 꿈꿔 보는 것도 그리 나쁘 지 않겠다는 결론에 이르렀다.

지금도 학생의 재능을 발견하시고 그 재능을 꽃피우게 해 주시려던 오경환 선생님의 큰마음이 그렇게 고마울 수가 없다.

여하튼 그날 이후 나는 미술반 활동을 시작하게 됐다. 오 경환 선생님의 열정적인 지도에 힘입어 내 실력은 날로 발전 했다. '나에게 이런 예술적 재능이 있었다니' 라며 스스로 놀 랄 정도였다. 현장에서 활동 중이신 미술가 선생님들께 칭찬 을 받기도 했다. 그리하여 어느새 나는 화가가 되어 볼까 하 는 마음을 먹기에 이르렀다.

"아버지, 저 미대에 진학해서 미술 공부를 계속하고 싶습니다. 선생님께서도 재능이 있다고 하시고요."

내 딴에는 큰 결심으로 한 말이었는데 엄격한 아버지 앞에서는 주눅이 들 수밖에 없었다.

"미술? 사내대장부가, 한 집안의 장남이 굶어 죽기 딱 좋은 화가가 되겠다고?"

"네…… 그림 그리는 게 좋습니다. 그리고 유명한 미술가 중에는 남자들도 많습니다."

"뭐! 너는 우리 집안의 장남이 아니냐. 장남으로서 해야 할 일과 하지 말아야 할 일을 그렇게 분간 못 한단 말이냐!"

아버지는 불같이 화를 내시며 아무것도 못 들은 걸로 하겠다고 호통을 치셨다.

아버지를 이길 힘이 나에게는 없었다. 어쩔 수 없이 미술에 대한 꿈을 포기할 수밖에 없었다. 너무 빠른 포기가 아닐까 생각하는 사람도 있겠지만, 그때만 해도 장남으로서 짊어져야 할 것들이 굉장했다. 그것들을 위해서라면 자신의 꿈도 내려놓을 줄 알아야 했다. 그런데 꿈이라는 게 단번에 포기할 수는 없는 법이잖은가. 나는 잠시나마 꾸었던 꿈에서 벗어나기 위해 혼자 오랫동안 앓았다. 아픈 시간이었고 슬픈 시간이었다.

하지만 그랬기에 나를 단단하게 할 수 있는 시간이기도 했다.

학창 시절 대부분을 시와 미술에 심취해 보냈던 나는 고등학교 3학년 중반이 되어서야 겨우 본격적으로 공부를 시작했다. 뒤늦게 발등에 불이 떨어진 셈이었다.

그러나 시험이라는 건 대개 열심히 노력한 시간과 비례하는 법. 내 나름으로는 최선을 다했지만 결과는 좋지 않았다. 가고자 했던 서울대학교 의예과에 낙방했다.

물론 입학시험 전까지 성적이 오르지 않은 건 아니었다. 늦게 시작한 공부였지만 나름의 요령을 터득해서 시험을 치르기 전까지만 해도 의예과에 합격할 수 있는 수준에 이르렀다. 그렇다 보니 낙방이라는 결과가 나오자 아버지, 어머니 그리고 선생님이 크게 실망하셨다. 친구들 역시 마찬가지였다.

그 일로 나는 한동안 강릉에 내려가 지내게 되었다. 재수를 준비하기 전에 강릉에서 몸과 마음을 정리하고 오라는 아버지의 명 때문이었다.

화가 나 있던 아버지의 마음과 달리 나는 강릉에서 지낼 수 있다는 사실에 은근히 기뻐했다. 방학 때마다 찾아가던 강릉이었지만, 이른 봄에 강릉으로 가는 것은 처음이었기 때문이다.

강릉의 봄은 그야말로 환상이었다. 강릉은 푸른 새싹들로 둘러싸여 있었다. 대학 낙방으로 마음에 구멍이 뻥 뚫린 것 같았는데, 그 뚫린 마음에 새싹들이 가득 들어찬 것만 같았다.

나는 실패에 대한 부담을 모두 버리고 그 자리에 강릉의 자연을 담았다. 그 초록 에너지를 마음에 담는 일 자체만으로도 몸과 마음이 치유되었다.

그렇게 두 달여 동안의 강릉 생활을 마치고 나는 다시 서울로 올라와 재수생 생활을 시작했다. 그런데 어쩐 일인지 강릉에서는 그렇게 평화롭던 마음이 서울에서는 이리저리 요동치기 시작했다. 재수 학원에 가방을 던져 놓고 매일 당구장이나 음악다방을 싸돌아다녔다.

그때 강릉에서의 생활은 잠깐의 도피에 불과했다. 꿈도 없고 입학시험에도 낙방한 실패자. 그걸 극복하는 일이 어디 그리 쉬우랴. 나의 방황은 그렇게 오랫동안 이어졌다.

그러던 어느 날, 당구장 앞에서 우연히 고등학교 때 친했던 친구를 만나게 되었다. 반가운 마음에 활짝 웃으며 손을 내밀었다.

"오랜만이다! 잘 지내냐?"

그런데 친구는 싸늘한 표정으로 나를 쳐다보고만 있었다.

'이 녀석이 왜 이러지?'

나는 어찌할 바 모르는 표정을 지어 보였다.

"야, 왜 그래? 나야 재천이."

나는 어색하게 다시 말을 건넸다.

그때였다. 갑자기 친구가 내 뺨을 찰싹 때렸다. 나는 너무 놀라 아무 말도 않고 입을 벌린 채 서 있었다.

"네가 지금 이러고 다닐 때냐? 네가 꿈꾸던 게 이런 거야?"

"내가 뭘?"

"네가 하고 다니는 꼴을 모른단 말이야?"

"……."

친구는 싸늘하게 나를 스쳐 지나갔다.

날벼락을 맞는 기분이 이런 걸까. 나는 친구의 따끔한 충고에 그 자리에서 얼어붙고 말았다. 그제야 나는 나의 꿈들을 다시 되돌아볼 수 있었다.

시인이 되고자 했던 꿈, 미술가가 되고자 했던 꿈. 그리고 그 꿈이 좌절됐을 때의 시간들. 아픔과 슬픔을 극복하던 시간들.

지난 시간을 돌이키고 생각이 깊어지자 가슴속 깊은 곳에서 알 수 없는 에너지가 올라왔다. 오기도 아니었고 분노도 아니었다. 그것은 새로운 꿈과 미래를 향해 나아가야 한다는, 언제까지 과거에 매어 있을 수 없다는 다짐 같은 것이었다.

그날부터 나는 마음을 다잡고 공부를 시작했다. 하지만 역시 시간이 부족했다. 서울대 의예과에 재도전했지만, 또 다시 낙방하고 말았다.

그런데 1차로 지망한 의예과에는 떨어졌지만, 2차로 지망한 동물학과에는 합격했다.

'2차 지망을 써 놓은 적이 없는데 어찌된 노릇이지?'

아무리 생각해도 2차 지망을 동물학과로 쓴 기억이 없던 나는 어리둥절했다. 나중에 알고 보니 담임 선생님이 적어 놓으신 것이었다.

'동물학과라니? 말도 안 돼. 나는 꼭 의예과에 가겠어!'

나는 삼수를 결심했다. 하지만 담임 선생님의 권유와 아버지의 반대로 어쩔 수 없이 서울대 동물학과에 진학하게 되었다.

돌이켜 보면 나는 학창 시절에 곧고 평탄한 길 대신 휘어지고 울퉁불퉁한 길을 더 많이 걸었다. 요즘 식으로 치면 소위 문제 많은 청소년이었다. 하지만 나는 그런 방황들이 지금의 나를 만들어 주었다고 생각한다.

그 방황들은 언제나 내가 꿈꾸고 원하는 것들을 이루기 위한 것들이었다. 그러기에 그것은 '아름다운 방황'이었다. 꿈이 없는 방황, 누구나 할 수 있는 방황은 진정한 방황이 아니다. 가짜 방황이다. 재미없는 방황이다. 방황이 방황다울 수 있는 건 꿈을 품고 있기 때문이다.

배우지 않아서 배우게 되는 것들

"교과서 너머로 한번쯤 눈을 돌려 보길 바란다.
교과서에서 배우는 것과는 또 다른,
배우지 않아서 배우게 되는 것들이 그곳에 있다."

　1972년 우여곡절 끝에 대학에 입학했지만 원하지도 않던
학과에 입학을 해서 그런지 학교생활에 적응하기가 쉽지 않
았다. 무엇보다 그때까지도 나는 문과 쪽에 더 흥미를 갖고
있었다. 그러다 보니 자연스레 학과 공부와는 멀어졌고 다른
곳으로 눈을 돌리기 시작했다.

　수업이 끝난 강의실에서 가방을 챙기고 있는데 한 친구가
다가와 말했다.

　"재천아! 누가 찾아왔는데."

　"누군데?"

"몰라, 처음 보는 학생이던데."

나는 친구를 따라 1층 로비로 내려갔다. 현관 앞에 키가 크고 덩치가 좋은 학생이 나를 기다리고 있었다.

"저기, 저를 찾으셨다고요?"

나는 그 학생에게 조심스레 다가가 물었다.

"최재천 학생 맞죠?"

"네."

"교양과정부 농구팀을 만들려고 하는데, 같이 할 생각이 있는지 물어보려고요."

"농구부요?"

"네, 친구 분이 적극 추천하던데요."

나는 이게 무슨 일인가 싶어 아무 말도 못 하고 서 있었다.

사건의 진상은 이랬다.

먼저 대학에 들어간 친구 경경환이 고등학교 때부터 농구를 열심히 하던 우리 친구들을 자랑하고 다녔던 것. 농구를 곧잘 하는 최재천이라는 친구가 재수해서 1년 늦게 대학에 왔으니 함께 하자고 권유해 보라고 한 것이었다.

그 일로 나는 농구부에 가입하게 됐다. 그때부터 나는 학생이 아니라 '농구생'이 되었다. 두 시간이나 걸리는 공릉동까지 수업을 듣기 위해서가 아니라 오직 농구를 하기 위해 갔다.

그뿐만이 아니었다. 먼저 대학에 진학한 고등학교 동창들과 함께 독서 동아리* '포이에시스Poiesis'를 시작하고 얼떨결에 회장까지 맡게 되었다. 우리는 매주 토요일마다 모여 함께 책을 읽고 토론을 벌였고, 1년에 두 권씩 두툼한 문집을 만들기도 했다.

그해 동아리 친구들과 읽었던 수많은 책들은 나의 학문과 삶에 대한 진지한 고민을 할 수 있도록 수많은 물음들을 던져주었다. 특히 '로마클럽'*에서 1972년에 내놓은 보고서 〈성장의 한계〉*는 내가 환경 운동에 관심을 갖게 되는 계기가 되었다.

대학 시절 나는 정말로 공부와는 영 인연이 아니었지 싶다. 농구, 독서 동아리만으로도 공부의 공자를 볼 새도 없이 바빴는데 또 다른 일이 나에게 맡겨졌다. 사진 동아리 회장을

★ **동아리** 같은 뜻을 가지고 모여서 한패를 이룬 무리를 뜻하는 말입니다.
★ **로마클럽** 1968년 설립된 인류와 지구의 미래에 대한 보고서를 발간하는 세계적인 비영리 연구 기관입니다.
★ **성장의 한계** 1972년 발간되어 로마클럽을 세계적인 단체로 각인시킨 보고서입니다.

맡게 된 깃이었다.

대학교 3학년 때 서울대가 관악 캠퍼스로 옮기게 되면서 단과대학별로 있던 사진 동아리들이 합쳐져 '영상'이라는 동아리가 만들어졌다. 그런데 각자 활동하던 동아리들이 모이다 보니 출범 과정의 진통이 적지 않았다. 친구 따라 강남 가듯 동아리에 가입한 나는 이런 식의 동아리 활동은 별 의미가 없다고 생각했다.

그러던 어느 날, 우왕좌왕 회의가 이루어지고 있을 때였다.

"난 이제 그만해야겠다."

회의 진행을 가만히 지켜보던 나는 갑작스레 동아리 탈퇴를 선언했다.

친구들의 눈이 휘둥그레졌다.

"재천아, 갑자기 왜 그래?"

"너희들 하는 걸 봐. 이래서 어디 동아리가 제대로 돌아가겠냐? 어차피 나는 사진도 못 찍고 우연히 가입한 거니까 지금 그만두는 게 좋을 것 같아."

나는 담담히 말하고는 동아리방을 유유히 빠져나왔다.

그날 밤 사진 동아리 친구들이 전화를 걸어왔다.

"재천아, 지금 애들이랑 장승백이 삼거리에 와 있어. 잠깐만 나와 봐."

"이 밤중에 왜?"

"할 얘기가 있어. 잠깐이면 돼."

친구의 목소리를 들으니 나가지 않을 수가 없었다. 밖에서 기다리고 있던 친구들은 나를 보자마자 다짜고짜 내게 동아리 회장을 맡아 달라고 했다. 이건 또 무슨 일인가! 어리둥절하던 찰나 친구들은 그간의 이야기를 들려주었다.

"네가 그렇게 나가고 우리들끼리 회의를 오래 했어."

"네 말대로 사진 동아리가 중구난방으로 운영되고 있더라고."

"잘못된 점을 바로 알고 지적한 네가 한번 이끌어 봐."

'이럴 수가!'

아이들은 회의가 맘에 들지 않는다고 자리를 박차고 나온 나에게 동아리 회장을 뒤집어씌운 것이었다. 그렇게 해서 나는 또 뜻하지 않게 사진 동아리 회장을 맡게 되었다.

회장을 맡자마자 첫 전시회를 준비했다. 전시회 장소로는 프레스센터 1층이 제안되었는데, 이곳을 빌리려면 돈이 필요

했다. 학생의 신분으로는 감당하기에 벅찬 돈이었기에 스폰서를 구해야 했다. 나는 까만색 007가방을 들고 온갖 회사를 돌아다녔다. 회사원들이나 들고 다닐 만한 007가방을 학생이 옆구리에 끼고 다니니, 선배들이 이상하게 생각할 정도였다. 그 가방은 내겐 애틋한 물건이었다. 당시 외항선 선원이었던 삼촌이 가져오신 것을 졸라서 겨우 얻은 것이었다.

스폰서를 구하기 위해 대략 스무 군데 이상의 회사를 찾아다녔고, 결국 몇 군데 회사에서 후원을 약속받았다. 당시 서울대 학생들의 사진 동아리가 작품전을 연다는 게 뉴스거리가 되어 유명한 사진작가도 많이 왔다. 전시회는 테이프 커팅까지 하며 성공적으로 이루어졌다. 그 후, 동아리 활동도 더욱 활기차졌다. 사진 동아리 '영상'은 대학 시절 나의 열정을 아름답게 장식해 준 한 페이지로 남아 있다.

동아리 활동 이외에도 나는 과대표에 그 당시 학생회를 대신하던 학도호국단*의 문예부 부장까지 맡으며 바빠도 너무 바쁜 대학 3학년 시절을 보냈다. 그러니 대학교 1, 2, 3학년

★ **학도호국단** 1984년까지 고등학교와 대학교에서 학생 자치 활동이나 나라 사랑 운동을 위해 만든 단체입니다.

내내 학과 성적이 어띠했을지는 상상에 맡기겠다.

이처럼 나는 대학 3년 동안 '공부와 거리가 먼 학생'으로 살았다. 하지만 아마 공부만 했다면 몰랐을 다양한 삶의 경험을 쌓았고 그것을 통해 많은 것을 배웠다.

요즘 학생들은 대부분 공부만 한다. 대학이 어느덧 '취업 학원'으로 변한 지 오래이다. 하지만 수업 공부가 자신의 꿈과 인생을 모두 대변해 주지는 않는다. 공부만으로 자신의 삶을 인정받을 수는 없다.

때로는 공부를 안 하는 학생이 되어 보는 것도 좋다. 교과서 너머로 한번쯤 눈을 돌려 보길 바란다. 교과서에서 배우는 것과는 또 다른, 배우지 않아서 배우게 되는 것들이 그곳에 있다.

보다 긍정적으로, 보다 적극적으로

"그때 그 시절이 나에게 얼마나 큰 힘이 되어 주었는지,
누군가를 가르치는 일이 얼마나
고귀한 일인 것인가를 새삼 알 수 있었다."

바야흐로 대학교 4학년이 되자 학생으로서 해야 할 것들
에 대한 생각이 밀려왔다.

'그동안의 활동을 통해 배운 것도 많지만 나는 동물학과
학생이야.'

이제는 동물학과라는 곳에서 내 미래를 발견해야 하는 게
아닌가 하는 고민을 했다. 나는 모든 동아리 활동을 정리하고
평소 나를 아껴 주던 윤용달 선배의 연구실로 갔다. 당시 선
배는 조완규 교수님 연구실의 조교로 일하고 있었다.

"선배님!"

"재천아, 갑자기 어쩐 일이야?"

"그게……."

나는 말을 제대로 잇지 못하고 그대로 서 있었다.

무슨 말을 어디서부터 어떻게 해야 할지 나조차도 가늠할 수 없었다. 그런데 선배는 나의 복잡한 심경을 마치 다 알고 있다는 듯이 내 어깨를 토닥거려 주었다.

"4학년이 되니 생각이 많지. 그때는 원래 다 그런 거야. 하지만 네가 몰라서 그렇지, 네 문제는 아주 간단할걸? 생각해 봐. 너는 공부만 안 했지 이미 할 건 다 해 봤잖아."

"저 혹시 그럼 제가 이곳에서 연구를 할 수 있을까요?"

"그럼, 그렇지 않아도 네가 과에 적응하지 못하고 겉도는 것 같아 걱정했는데 이렇게 제 발로 찾아와 줘서 내가 다 고맙다. 이제 이곳에서 본격적으로 동물학 공부를 해 보는 거야."

선배의 말을 가만히 듣고 있자니 마음 한쪽이 편안해졌다. 어두운 복도로 한줄기 빛이 들어온 듯했다. 아무리 고민해도 보이지 않던 어떤 문제의 정답이 희미하게나마 보이는 것 같았다.

'그래, 그거였어. 이제 이곳에서 내 길을 찾으면 되는 거야!'

나는 주저하지 않고 선배의 안내에 따라 연구실에 가 보았다. 한눈에 보아도 할 일은 많은데, 일할 연구원들이 턱없이 부족했다. 나는 바로 일을 시작했다.

그 무렵 나는 종로 골목에 있던 외국서적 책방을 기웃거리다가 자크 모노가 쓴 『우연과 필연』*이라는 책을 발견했다. 자크 모노는 철학자의 마음을 가진 생물학자였는데, 우연히 발견한 이 책은 내 인생의 전환점이 되었다.

'우주에 존재하는 모든 것은 우연과 필연의 열매들이다'

책 첫머리에 인용된 데모크리토스*의 이 말이 화살처럼 가슴팍에 꽂혔다.

'생물학에 대한 이야기를 이렇게 철학적으로도 할 수 있다니!'

『우연과 필연』은 내게 생물학에 대한 전혀 새로운 의미를 부여해 주었다.

실험복을 입고 현미경 안이나 들여다보고 있는 게 생물학

★ **우연과 필연** 프랑스의 생화학자 자크 뤼시앵 모노가 1970년 발표한 책으로 세계적인 관심을 일으켰습니다.
★ **데모크리토스** 기원전 5세기 말부터 기원전 4세기 초까지 활약한 고대 그리스의 사상가입니다.

이 아니라는 것을. 그 현미경 안에 인간에 대한, 자연에 대한, 우주에 대한 철학이 담겨져 있다는 것을 깨닫게 되었다. 그때 나는 처음으로 생물학에 인생을 바쳐도 되겠다는 생각을 하기 시작했다.

어느 날 실험실로 키가 180센티미터가 넘는 백발의 외국인이 나를 찾아왔다. 외국인은 자신이 조지 에드먼즈 교수라고 소개했는데, 곤충학회에서 만난 김계중 교수님으로부터 한국에서 자신을 도와줄 사람으로 나를 추천받았다고 했다.

세계적인 장학 프로그램인 풀브라이트* 교환교수로 우리 동물학과에 오셔서 수업을 하신 적이 있던 김계중 교수님이 그 당시 대학교 3학년이었던 나를 인상 깊게 보시고 추천하신 것이었다.

★ **풀브라이트** 미국 아칸소 대학교 총장을 지낸 풀브라이트의 제안으로 창립된 장학 프로그램입니다. 여러 나라의 학생이나 교수의 교환으로 문화나 교육의 교류를 장려하고 있습니다.

처음에는 어리둥절했지만, 교환교수 일정이 끝나고 미국으로 돌아가시며 '미국으로 꼭 공부하러 오라'고 말씀하셨던 김계중 선생님의 모습이 떠올라 고마운 마음이 들었다.

그날 이후 나는 조지 에드먼즈 교수님과 사모님을 차에 태우고 전국 방방곡곡을 돌아다녔다. 조지 에드먼즈 교수님은 그저 개울만 찾아다니셨다. 괜찮은 개울만 나타나면 아무렇게나 차를 세우곤 신발도 벗지 않으신 채 첨벙거리시며 물속으로 들어가셨다. 그러고는 물속의 돌을 집어드시곤 이리저리 살피셨다.

처음에는 저게 뭘 하는 건가 싶었다. 그런데 알고 보니 조지 에드먼즈 교수님은 전 세계를 돌아다니시며 하루살이를 연구하시는 중이었다. 내 눈에는 할아버지로 보이는 교수님이 물에서 첨벙거리시는 모습이 의아해 보이기까지 했다.

조지 에드먼즈 교수님의 일정이 거의 다 끝나갈 무렵 나는 교수님께 조심스레 말을 꺼냈다.

"교수님은 제가 어려서부터 꿈꿔 오던 일을 하고 계십니다. 저도 교수님처럼 전 세계를 돌아다니며 동물을 연구하고 싶습니다. 교수님을 제 인생의 롤 모델로 삼고 싶습니다."

나는 이제 막 말문이 트이기 시작한 서툰 영어로 진심을
담아 말했다.

조지 에드먼즈 교수님은 잠시 놀란 표정을 지으셨지만 곧
대답을 해 주셨다.

"나처럼 살고 싶다면 먼저 더 크고 넓은 곳으로 나가 공부
를 계속해야 하네. 미국으로 유학을 오는 거지……."

조지 에드먼즈 교수님은 나와 눈을 맞추시고 마치 사랑하
는 제자의 진로를 상담해 주시듯 꼼꼼하게 알려 주셨다.

▶ 김포공항 앞에서 윤일병 교수님과 조지 에드먼즈 교수님 부부와 함께.

그날 이후 내 꿈에 튼튼한 뿌리가 생겼다. 조지 에드먼즈 교수님은 우물쭈물하다 아무것도 이루지 못한 채 끝나 버렸을지도 모를 내 청춘을 구제해 주셨다.

자크 모노와 조지 에드먼즈 교수님과의 만남이

▶ 서울대학교 졸업 사진.

내 꿈에 대한 깨달음을 주었다면, 1977년에는 가르침과 배움에 대한 깨달음을 얻게 해 준 뜻 깊은 일이 있었다.

대학을 졸업하고 방위병 생활을 하던 때였다. 복무 기간이 10개월 남짓 남은 어느 날 여단장님이 나를 불렀다.

"서울대를 나왔으니 아이들 가르치는 것쯤이야 문제없겠지?"

"……네! 할 수 있습니다!"

나는 무슨 영문인지도 모른 채 우렁찬 목소리로 대답했다. 그러고는 여단장님의 다음 말을 기다렸다. 알고 보니 방직공장 아이들을 가르치는 야학의 교장 선생님이 야학 교사 지원을 여단장님에게 부탁하신 것이었다.

야학은 여러 가지 사정 때문에 배움에 대한 열정이 있으면서도 배우지 못하는 아이들을 가르치는 일이었다. 방위병의 신분이었으니 상사의 말에 그대로 따라야 했지만 사실 내 스스로도 기꺼이 야학 일을 맡고 싶었다. 나의 보잘것없는 재능을 다른 사람들에게 나누어 줄 수 있다니 그렇게 행복한 일이 또 어디 있겠는가.

다음 날부터 나는 부대로 출근하여 기본 업무를 마무리해 놓은 후 야학으로 향했다. 지금의 평촌 지역에 있던 야학은 부대에서 버스를 타고 한참을 가야 나오는 곳이었다.

당시에는 방직공장이 개울가를 따라 쭉 들어서 있었는데, 그 근처 밭 옆에 야학 건물이 있었다. 건물은 누가 봐도 놀랄 법하게 허름했다.

건물 안으로 들어서자 10, 20대 아이들이 퀭한 눈으로 나를 쳐다봤다. 밤새 일을 하고 교대한 뒤 낮에 공부하는 아이들이었으니 눈빛이 초롱초롱할 리 없었다.

그러나 신기하게도 아이들은 내가 수업을 시작하면 언제

그랬냐는 듯이 열심이었다. 배우고자 하는 열정으로 피곤함을 잠시나마 잊어버리는 것이었다.

나는 그런 아이들이 자꾸 눈에 밟혀서 퇴근 후 버스를 타고 집에 가다가도 야학으로 다시 되돌아갔다. 그래서 밤에도 가르치고 낮에도 가르치는 '밤낮선생님'이 되었다.

그때 아이들을 생각하며 쓴 시가 한 편 있다.

부는 바람 속에

바람이 분다
어두운 바람이 분다
부는 바람 속에 내 아이들이 있다
오들오들 그들이 있다
창문을 열어야 하리
바람이 부는데
이리 들어오너라
얼른, 추운데 얼른
그러나 창문을 넘어서는 건
그 부는 바람뿐
바람뿐

_1978. 4. 20. 학교에서 돌아온 며칠 후

한번은 이런 일이 있었다.

교장 선생님이 각 반에 급훈을 만들자고 제안하셨다. 나 역시 담임을 맡고 있는 반이 있었던지라 아이들과 머리를 맞대고 의논했다. 그러고는 '보다 긍정적으로, 보다 적극적으로, 보다 낙관적으로'라는 문장을 직접 써서 액자에 넣어 걸어 두었다.

아이들은 내가 적은 글귀를 마음속으로 조용히 읽고 또 읽었다.

"와!"

잠시 후 마치 짜기라도 한 듯 아이들이 일제히 환호성을 질렀다.

"지금 당장은 힘들 거라는 걸 잘 알고 있습니다. 하지만 나는 여러분들이 보다 긍정적인 마음으로 이 힘든 상황들을 적극적으로 헤쳐 나가며 더 나은 미래를 낙관적으로 꿈꾸길 바랍니다. 여러분들이라면 충분히 그렇게 할 수 있으리라 생각합니다."

나는 기뻐하는 아이들 한 명 한 명과 일일이 눈을 맞추며 말했다.

아이들의 눈시울이 금방 붉어졌다. 처음으로 자신들을 알아주는 사람을 발견했다는 듯 아이들은 손뼉을 쳤다. 그러나 나는 그 박수가 내가 아니라 아이들 스스로에게 어울리는 것이라 생각했다.

훗날 이 야학의 급훈은 그대로 내 인생의 급훈이 되었다. 어떤 힘든 일 앞에서도 나는 아이들과 함께 정했던 그 다짐들을 잊지 않으려고 노력했다.

나는 방위병 생활과 10개월 동안의 야학 생활을 끝내고 다시 대학원으로 돌아왔다. 돌아온 직후에는 한동안 아이들이 그리워 며칠씩 밤잠을 설치며 뒤척이고는 했다.

오랜 세월이 지나 내가 서울대학교에서 교수로 있던 어느 해 스승의 날에 야학 제자들이 나를 찾아왔다.

"그때 그 급훈 덕분에 이렇게 잘 살 수 있었던 게 아닌가 싶어요."

"맞아요. 그때 그 짧은 글귀가 사는 내내 얼마나 큰 힘이 되어 주었는지 몰라요."

이제 아줌마, 아저씨들이 된 제자들의 말을 듣고 있자니

나 또한 그때 그 시절이 나에게 얼마나 큰 힘이 되어 주었는지, 누군가를 가르치는 일이 얼마나 고귀한 일인 것인가를 새삼 알 수 있었다.

동양인 유학생 J

"남들보다 두 배, 세 배 더 공부해야만 했다.
그렇게 하는데도 희한하게 전혀 힘든 줄 몰랐고
신나고 재미있었다."

1978년이었다. 대학원을 다니던 도중 유학을 결심한 나는 바로 실행에 옮겼다. 쉬운 일은 아니었다. 예상은 했지만 아버지의 반대가 생각보다 심했다.

"이제 와서 유학이라니? 그간 네가 어떻게 살았는지 알고 하는 소리냐?"

아버지는 큰소리 한 번 내시지 않고 내 결심을 타박하셨다.

"이번에는 다릅니다. 꼭 배워 보고 싶은 게 생겼습니다. 이제부터 정말 열심히 공부만 하겠습니다."

"유학이 한두 푼 드는 일이냐? 너도 잘 알다시피 우리 집

안이 부유한 것도 아니고 혹여 돈이 있어서 자식 공부를 시킬 수 있다 해도 너희 4형제 중 너는 아니라는 걸 네가 더 잘 알지 않느냐?"

"아버지의 말씀이 맞습니다. 하지만 마지막으로 한 번만 도와주십시오. 한 학기 비용만 주시면 나머지는 제가 뭘 해서라도 공부하겠습니다. 아버지."

나는 아버지께 간곡히 부탁했다. 나라고 아버지의 심정을 모르는 바는 아니었다. 대학교 4학년이 되고 대학원에 다니는 동안에는 그런대로 공부에 마음을 붙였지만, 그 이전에는

▶ 1978년 셋째 최재송의 여의도고등학교 졸업식에서 4형제가 함께.
(나, 둘째 재국(미국 기업인), 셋째 재송(경기대 교수), 막내 재호(강릉대 교수))

공부는 늘 뒷전이었던 내가 아니었나. 아버지는 늦게나마 마음을 잡는가 싶던 아들 녀석이 또 무슨 헛바람이 들어 이러는 건가 싶으셨던 것이다.

그날 아버지는 벽을 보고 돌아앉아 몇 시간을 계셨다. 결국 나도 다른 방법을 찾아볼 수밖에 없었다.

그런데 얼마 후 아버지께서 유학을 허락하셨다. 아버지의 허락을 기대도 하고 있지 않은 터라 무척 놀랐다. 아마도 아버지는 그때 나의 눈빛에서 그동안 아들한테 느껴 보지 못하셨던 절실함 같은 것을 보신 게 아닌가 싶다.

하지만 더욱 놀라운 일은 그 다음에 벌어졌다.

유학비 문제로 밤낮 고민 끝에 아버지께 다시 한 번 부탁드려 봐야지 하던 찰나였다.

저녁 밥상을 물리신 아버지가 나를 방으로 불러 앉히셨다.

"자, 유학비로 써라."

아버지가 돈 봉투를 내밀며 말씀하셨다.

나는 할 말을 잃고 가만히 있었다. 지금껏 아버지를 얼마나 원망했는지를 생각하니 더욱더 할 말이 없었다.

"아버지, 이건 어디서 나셨어요?"

"그건 네가 알 거 없고. 다음 학기부터는 굶어 죽든 살든 상관하지 않을 테니 그렇게 알아라."

아버지는 차갑게 말씀하셨지만, 나는 아버지의 말 깊숙한 곳에 있는 온기를 느낄 수 있었다.

잠시 후, 어머니로부터 아버지가 돈을 구하시게 된 자초지종을 들었다. 아버지는 내가 고등학교 때 군인을 그만두시고 포항제철에 다니시고 있었는데, 내 유학 자금 때문에 회사에 사표를 내셨던 것이다. 퇴직금이라도 받아야 내 학자금을 마련하실 수 있었기 때문이다.

'부모의 사랑 앞에서 자식은 늘 작아질 수밖에 없구나.'

어머니 얘기를 들으며 나는 눈물을 뚝뚝 흘렸다. 그리고 어린 시절 아버지의 무릎을 베고 듣던 이야기들이 떠올랐다. 늘 무서운 아버지, 늘 일밖에 모르는 아버지라고 원망 섞여 생각하던 내가 참 바보 같았다는 생각이 들었다.

그렇게 나는 미국 유학길에 올랐다. 1979년이었다.

내가 공부하기로 한 학교는 펜실베이니아 주립대학이었는데, 내게 처음으로 미국에 와서 공부하라고 말씀해 주신 김계중 교수님이 계신 곳이었다.

▶ 펜실베이니아 주립대학교 대학원 교수님과 친구들과 함께.
(뒷줄 왼쪽에서 네 번째가 김계중 교수님, 여덟 번째가 나)

펜실베이니아 주립대학 생태학부에 입학한 나는 정말 열심히 공부했다. 그토록 하고 싶던 공부였고 동물학과를 4년이나 다녔는데, 솔직히 나는 아는 게 별로 없었다. 그러니 남들보다 두 배, 세 배 더 공부해야만 했다. 그렇게 하는데도 희한하게 전혀 힘든 줄 몰랐고 신나고 재미있었다.

'공부가 이렇게 재미있는 걸 왜 이제야 발견한 거지?'

나는 조금 늦게 찾아온 공부의 재미에 푹 빠져 지냈다. 하지만 아쉬운 점이 없었던 건 아니었다. 이곳에는 조지 에드먼즈 교수님처럼 세계 곳곳을 누비며 연구를 하는 사람이 없었다. 고민이었다. 이곳에서 석사 과정을 마치고 박사 과정은 다른 곳에서 해야 하는 게 아닌가 하는 생각이 들었다.

이런 생각을 품은 채 나는 김계중 교수님의 제자가 되었다. 내 계획으로는 1년 반 정도 공부하면 석사 학위를 받을 수 있을 것 같았다. 하지만 역시 인생은 생각처럼 되는 게 아니었다.

"최재천 군! 내 제자가 되겠다고 했나? 나야 자네 같은 인재라면 언제든 환영이지."

"감사합니다. 교수님."

"그럼, 바로 일을 주겠네."

"네? 벌써요?"

"쇠뿔도 단김에 빼라고 하지 않나."

김계중 교수님은 야릇한 미소를 지으며 말을 맺으셨다.

연구 욕심이 워낙 큰 분이시라 연구실에 할 일이 태산일 거라는 건 예상했지만 첫날부터 일을 해야 한다고는 생각하지도 못했다. 나는 꿀 먹은 벙어리처럼 조용히 서 있었다.

"나를 따라오게."

김계중 교수님이 자리에서 일어나 말씀하셨다.

나는 교수님이 하자는 대로 따랐다. 교수님은 나를 연구실 뾰족지붕 밑, 네모난 창문이 달려 있는 다락방으로 데리고 가셨다. 그곳은 마치 마녀의 집 같았다. 유리병들이며 갖가지 실험 도구들이 어지럽게 널려 있었다.

"이곳에서 새들에게 붙어사는 체외 기생충을 연구하도록 하게."

교수님은 다락방이 최고급 연구실이라도 되는 양 의기양양하게 말씀하셨다.

"네? 이곳에서요?"

나는 과연 이런 곳에서 연구가 가능할까 싶어 되물었다.

"연구실에 냉동고가 있네. 거기에 얼려 있는 새들을 가져와 이곳에서 끓인 후에 기생충을 골라내면 되네."

"알, 알겠습니다. 한번 해 보겠습니다."

다음 날부터 나는 큰 자루에 냉동 새들을 담아 다락방으로 끌고 가 연구를 시작했다. 그러고는 창문을 열어 놓은 채 새의 깃털과 가죽을 끓였다. 그런데 그 냄새가 어찌나 심한지 주차장까지 진동했다. 주차를 하러 온 친구들은 그런 나의 모

습을 보면서 장난스럽게 묻곤 했다.

"어이, Jae!* 무슨 요리를 하는 건가?"

매일 같이 다락방에 처박혀 고약한 냄새를 풍기고 있는 동양인의 모습이 그들에게는 다소 신기했을 것이다.

두어 달이면 끝날 것 같았던 일은 1년이 지나도 끝나지 않았다.

지금 와 생각해 보면 그때 그 오랜 시간을 어떻게 버텼나 싶지만, 당시는 시간이 그리 가는 줄도 모르고 연구에 매달렸던 것 같다. 미국 교수들 눈에도 동양인 유학생이 무척 열심히 연구하는 학생으로 보였을 것이다.

그렇게 3년을 열심히 연구한 끝에 드디어 〈알래스카 바닷새의 체외 기생충 군집생태학〉이라는 석사 논문을 완성했다. 석사 논문에 얼마나 많은 공을 들였는지 실제로 박사 논문 수준 정도가 되었다.

얼마 후 석사 논문 심사가 있었다. 열심히 준비하고 연구하여 쓴 논문이기에 당연히 통과되리라 믿었다. 그런데 놀랄

★ **Jae** 외국 친구들은 나를 최재천이라는 이름 대신 Jae(제이)라고 부릅니다.

만한 일이 벌어졌다.

"Jae, 우리 심사위원들은 이 논문이 석사가 아니라 박사감이라고 생각하고 있다네. 이렇게 열심히 연구를 했는데 박사를 줘도 충분하다고 생각한다네."

심사위원 중 한 분이 말했다.

나는 갑작스러운 심사위원의 말에 당황할 수밖에 없었다. 3년 동안 밤낮 없이 연구를 한 건 사실이지만, 그럼에도 도무지 심사위원의 말을 믿을 수가 없었다.

"어떤가? Jae. 다음 학기에 해충구제학 한 과목만 더 들으면 박사 과정까지 마친 걸로 해 주겠네."

심사위원들의 의견이 그렇게 모아지자 김계중 지도교수님이 환하게 웃으셨다. 석사를 마치면 당신한테 와서 박사 과정을 밟으라고 하셨던 데이비드 피어슨 교수님도 기쁜 표정을 지어 보이셨다.

그런데 나는 그 제안을 단번에 거절했다. 그때만 해도 나는 꼭 하고 싶은 연구가 따로 있었다.

기생충학 박사가 아니라 열대 지방에 가서 야생 동물을 따라다니며 연구하고 싶었다. 나는 그 당시 기생충학으로 박사 학위를 하면 평생 기생충만 연구해야 되는 줄 알았다. 그래서 나는 심사위원들을 어이없게 만들며 끝내 박사 학위를 거부했다.

그렇게 한바탕의 소동이 있은 후 1982년, 내가 뜻한 바대로 석사 학위를 받았다.

열정의 범위를 넓히다

> "나는 참으로 별나게 오지랖이 넓은
> 사람이라 해도 될 고생,
> 안 해도 될 고생을 참 많이도 했다."

1981년 펜실베이니아 주립대학에서 석사 논문을 쓰던 시절 지금의 아내를 만나 결혼했다. 나와 아내는 한국인 유학생 모임에서 처음 만난 후 차츰 서로의 취향에 호감을 느끼며 가까워졌고 결국 결혼까지 하게 되었다.

1주년 결혼기념일을 맞아 우리는 보스턴으로 여행을 가기로 했다. 아내는 결혼 1주년 기념 여행에 설레는 마음이 더 컸지만, 사실 나에게는 아내와의 여행 외에도 다른 설렘이 하나 더 있었다. 바로 사회생물학 분야의 거장인 에드워드 윌슨* 교수님과의 만남이었다.

에드워드 윌슨 교수님과의 만남은 순전히 나의 막무가내 정신 때문에 이루어졌다. 나는 교수님께 다짜고짜 편지를 썼다.

"Jae, 하버드대학의 에드워드 윌슨 교수님을 만나러 가겠다고?"

윌슨 교수님께 보낼 편지를 피터에게 보여 주었다.

피터는 나의 단짝이자 영어로 글 쓰는 것이 서툰 내게 좀 더 잘 쓸 수 있는 비법을 알려 준 고마운 친구이다.

"그래, 피터. 그래서 이렇게 에드워드 윌슨 교수님께 보낼 편지를 적어 온 거야. 그러니 어서 한번 읽어 봐."

"Jae, 장난치지 마. 그분은 거장 중의 거장이라고. 우리 같은 사람들이 만나고 싶다고 쉽게 만날 수 있는 사람이 아니야."

"하하하, 안 되더라도 시도는 한번 해 봐야지. 네가 여러 번 말했잖아. 미국에서는 '해 보기 전에는 아무도 모르는 것'이라고. 그분이 어쩌면 나 같은 제자를 찾고 계실지도 모르잖아!"

★ **에드워드 윌슨** 미국의 생물학자로 개미 연구의 세계적 권위자입니다. 1956년부터 하버드대학 교수로 재임. 20여 권의 명저를 저술하였고 『인간 본성에 대하여』와 『개미』로 두 번의 퓰리처상을 수상했습니다.

"Jae, 넌 참 겁도 없는 녀석이야!"

피터는 나를 보고 웃으며 말했다.

책상에 앉아 한참 편지를 들여다보던 피터가 내게 다가섰다.

"크게 고칠 곳은 없겠어. 몇 군데 표시해 놓은 곳만 고치면 될 거 같아."

"고마워, 피터."

"고맙긴. 꼭 성공하길 빌게!"

그렇게 피터의 도움을 받아 작성한 편지를 에드워드 윌슨 교수님께 보냈다. 그리고 얼마 후 기대도 하지 않던 답장이 왔다. 한번 만나 보겠다며 만날 날짜와 장소를 알려 주는 내용이었다.

"야호!"

나는 나도 모르게 크게 환호성을 질렀다.

그렇게 또 한 번의 운명적인 만남이 시작되었다.

얼마 뒤 보스턴에 도착한 나는 하버드대학으로 갔다. 아내는 잠시 카페에 있기로 했다. 연구실에 도착하니 꿈에도 그리던 에드워드 윌슨 교수님이 나를 기다리고 계셨다. 영광이었다. 나는 교수님을 보자마자 넙죽 인사를 드렸다. 그런데 반

응이 뜻밖이었다.

"어서 와요. 그런데 내가 15분밖에 시간이 없어요."

"네? 15분이요?"

나는 당황스러웠다.

"그래요. 15분 뒤에 교수 회의가 있어서 나가야 해요."

에드워드 윌슨 교수님은 사무적인 말투로 딱 잘라 말씀하셨다.

나는 안절부절못했다. 그러다 보니 무슨 대화를 주고받았는지도 모르게 시간이 거의 다 지나가 버렸다.

'이래서는 안 되겠구나.'

나는 마음을 가다듬고 용기를 내어 진짜 하고 싶었던 이야기를 말했다.

"교수님, 저는 민벌레의 사회성 진화에 관심을 두고 있습니다."

내 말을 들은 교수님께서는 조금 전과는 전혀 다른 눈빛으로 나를 바라보셨다.

"혹시 내가 민벌레 연구한 걸 알고 있나요?"

"네. 교수님의 연구 논문을 모두 찾아 읽었습니다."

"좋아요, 좋아! 우리 자리를 옮겨 이야기를 더 나눠 봅시다."

"15분밖에 시간이 없다고……."

내가 어리둥절한 얼굴로 쳐다보자 에드워드 윌슨 교수님은 사람 좋은 웃음을 지으셨다.

"당신은 내 시간을 투자할 만한 가치가 충분해요!"

사실을 알고 보니, 교수님께서는 자신을 찾아오는 누구에게나 일단 15분만을 허락한 후에 그 15분 동안 상대방을 파악하시는 것이었다. 자신의 시간을 투자할 가치가 있는 사람인지 아닌지를 말이다. 그러니까 나는 합격한 것이었다.

결국 그날 나는 에드워드 윌슨 교수님과 두어 시간 넘게 이야기를 나눴다. 교수님과 헤어지고 돌아오면서 나는 반드시 그분의 제자가 되어야겠다고 다짐 또 다짐했다.

나는 카페에서 기다리고 있는 아내에게 갔다. 아내에게 에드워드 윌슨 교수님을 만난 이야기를 들려주자, 아내 역시 내가 그분의 제자가 꼭 될 거라고 말했다. 아내는 나보다 더 크고 확실한 신뢰를 갖고 있었다. 나는 아내의 두 손을 꼭 쥐었다.

그리고 1년 후인 1983년 여름, 나는 고대하던 대로 하버드 대학에 둥지를 틀었다. 그곳에서 느리지만 폭넓은 공부를 했다. 남들처럼 한 분야만을 팠다면 금방 끝날 수도 있는 공부였지만, 그런 건 내 체질에 맞지 않았다.

나는 워낙 호기심이 많은 편이어서 무언가 하나에 집중하는 성격이 아니라 사방으로 관심을 펼치는 성격이다. 다른 사람들 같으면 그런 경우 금방 싫증이 난다고 하는데 나는 싫증은 또 잘 내지 않는 성격이다.

다방면으로 관심을 두고 공부하는 모습이 남들 눈에는 오지랖이 넓은 것처럼 보였을 수도 있지만, 나한테는 그게 오지랖이 아니라 열정의 넓은 범위였다.

열정에 관한 이야기를 하려고 하니 다음과 같은 일이 떠오른다.

1984년 하버드대학에 온 지 1년 만에 그토록 가 보고 싶어 했던 열대에 갈 기회가 생겼다. 코스타리카라는 나라였다.

어린 시절 타잔에 빠져 살았던 나에게 열대의 정글은 동경의 대상이었다. 그러니 얼마나 재미있는 것들이 많았겠는가. 더욱이 나는 재미있는 게 있으면 꼭 해 봐야 직성이 풀리는 사람이라 해도 될 고생, 안 해도 될 고생을 참 많이도 했다.

열대의 숲 속에는 조금만 걸어 들어가면 나의 호기심을 자극하는 것들이 너무나 많았다. 어디에서도 본 적이 없는 나비와 도마뱀을 두고 어떻게 그러지 않을 수가 있을까?

열대 정글의 흥미로움은 언제나 나의 발걸음을 옮겨 다니게 했다. 심지어 다른 사람들이 연구하는 곳까지 따라다녔다. 한번은 박쥐를 연구하는 사람들을 따라 밤중에 박쥐를 잡으러 간 적도 있었다.

"박쥐를 잡으러 간다고? 재미있겠다. 나도 함께 갈게."

"괜찮겠어, Jae?"

"물론이지, 열대 박쥐를 볼 수 있는데, 뭘 못 하겠어!"

잠까지 뺏을 정도로 내 호기심은 늘 가득했다. 그렇게 밤새 숲을 돌아다닌 후에 새벽에 돌아와서는 겨우 두어 시간 잠을 잘 뿐이었다.

나는 그렇게 밤낮없이 연구에만 몰두했다. 낮에는 숲을 샅샅이 뒤져 벌레들의 행동과 습성을 연구하고, 오후부터는 그

것을 기록했다. 시간이 흐를수록 체력은 점점 바닥이 났지만 연구를 멈출 수 없었다.

그 후로도 나는 닥치는 대로 보고, 듣고, 경험하고, 공부했다. 그리고 하버드대학에 온 지 7년째인 1990년, 〈민벌레의 진화생물학〉으로 박사 학위를 받았다. 남들은 내가 박사 학위를 늦게 받았다고 하지만 나의 7년을 모르고 하는 소리다. 나에게 그 7년은 너무나 짧은 시간이었다. 지루한 시간이 아니라 역동적인 시간이었고 창조의 시간이었다. 그 시간들을 만나지 않았더라면 나는 그저 공부하는 기계에 머물러 있었을지도 모른다.

이후 나는 하버드대학에서 전임강사로 '인간생식생물학'과 '사회성 곤충' 등을 가르쳤다. 그리고 1992년 가을 미시간대학에 교수로 부임했다.

나는 미시간대학에서 2년여 동안 있었다. 이 기간은 내 인생을 통틀어 공부를 가장 많이 한 기간이다. 내가 미시간대학에서 공부를 많이 할 수 있었던 것은 명예 교우회 특별 연구원에 선임되었기 때문이다.

미시간대학에서는 해마다 네 명씩의 젊은 명예 교우원을

뽑는데, 명예 교우회의 회원이 되면 3년 동안 자신이 하고 싶은 연구를 마음껏 할 수 있었다. 뽑힌 사람들은 매주 수요일 점심때마다 모여 자유롭게 토론을 했다.

나는 그 시간이 너무 좋아서 어서 빨리 수요일이 오기를 기다리고 기다렸다. 다양한 분야의 학자들이 모여 자유 토론을 벌이다니, 다양한 학문에 관심이 많은 나에게 딱 맞았다.

수요 모임에서는 한 명씩 돌아가며 자신이 연구하거나 공부한 내용으로 토론을 했다. 학문적인 것만이 주제가 되는 건 아니었다. 오히려 엉뚱한 상상력을 자극하는 주제들이 더 인기가 있었다.

"철학자들은 왜 자기들도 못 알아듣는 글을 쓰는 걸까?"

그날의 주제를 준비한 사람이 불쑥 말을 던지면 나머지 사람들은 점심을 먹다 말고 이야기를 하는 식이었다. 시작은 이렇게 장난 식이었지만 토론이 끝날 무렵에는 철학과 문학과 과학, 심지어는 신학까지 섞인 깊은 대화들이 오갔다.

나도 주제를 발표한 적이 있었다.

'장끼는 화려한데 왜 까투리는 못 생겼을까?'

동물의 세계에서는 왜 수컷이 아름다운가에 대한 이야기

였다. 참석한 사람들은 다양한 의견을 냈고, 다윈 이야기로 토론이 끝났다. 이처럼 명예 교우회 토론은 시시한 주제를 가지고 오더라도 깊이 있는 이야기로 밤을 샐 정도였다.

그러다 보니 나는 쉬는 시간에도 책을 읽었다. 수많은 책 중에는 나중에 인연을 맺게 된 제인 구달* 선생님의 책도 있었다. 제인 구달 선생님의 책을 읽으면서 얼마나 놀랍고 신기하든지 한국으로 돌아온 후 그녀의 저서 중 하나인 『인간의 그늘에서』를 번역하기도 했다.

이처럼 미시간대학에서의 경험은 훗날 내가 통섭원을 만들고 통섭학자로까지 불리는 데 튼튼한 밑바탕이 되어 주었다.

★ **제인 구달** 영국의 동물학자, 침팬지 연구가, 환경 운동가로 탄자니아에서 40년이 넘는 기간을 침팬지와 함께 한 세계적인 침팬지 연구가입니다.

이 세상에 쓸모없는 꿈은 없다

> "쫓아내고 버리고 포기하는 일보다 더 쉽고 간단한 건
> 그 꿈에게 꿈의 자리를 내주는 것이다.
> 마음속에 항상 '꿈의 빈자리'를 만들어 놓으면 좋겠다."

미시간대학에 부임하고 얼마 지나지 않아 서울대로부터 교수 제의를 받았다. 내가 원하기만 한다면 자리를 만들어 보겠다는 것이었다. 좋은 제안이었다. 하지만 미시간대학에서의 생활도 크게 나쁘지 않았기에 고민이었다. 결국 나는 심란한 마음을 아내에게 털어놓았다.

"여보, 어떻게 하는 게 좋은 건지 모르겠어."

"지금 당장 정답을 찾아야 하는 건 아니잖아요. 너무 고민하지 말고 일단 천천히 생각해요. 세상 모든 일에는 꼭 필요한 시간이란 게 있잖아요."

아내의 말을 듣고 보니 조바심을 낸다고 해결되는 게 아니란 걸 알았다. 더욱이 미시간대학에서 하던 연구도 있었기 때문에 당분간은 대답을 미루기로 했다.

그리고 그렇게 한 해, 두 해를 보내다 결국 1994년, 나는 서울대학교 생물학과 교수가 되었다.

긴 외국 생활을 정리하고 한국으로 돌아오며 품었던 나의 꿈은 간단했다. 내 전공 분야를 한국에서 발전시키겠다는 것이었다. 하지만 언제나처럼 꿈은 쉽게 잡히지 않았다.

몇 년 후 서울대학교 생물학과는 분자생물학과, 미생물학과와 통합되어 생명과학부가 되었다. 학부 전체에는 교수가 마흔 명이 넘었다. 하지만 진화생물학이나 사회생물학 등 '큰 생물학'을 하는 교수는 나를 포함해 겨우 다섯 명뿐이었다. 그러다 보니 자꾸 갑갑한 마음이 들었다.

그러던 차에 연세대학교 측으로부터 강의 요청이 들어왔다. 2005년 무렵이었다.

'남의 학교 교수에게 강의를 해 달라니…….'

처음에는 무슨 일인가 싶었다. 하지만 내 분야에 대한 관심을 이끌어 낼 수 있다는 생각에 강의를 하기로 했다. 막상 강의를 해 보니, 서울대학교와는 또 다른 재미가 있었다.

혹시 실수라도 하면 어쩌나 싶어 자유 토론에 수동적인 서울대학교 학생들에 비해 연세대학교 학생들의 자유 토론은 거침이 없었다. 틀리면 틀리는 대로, 맞으면 맞는 대로 활발하게 토론을 했다. 굉장히 유쾌했다. 학생들은 내 강의에 예상보다 뜨겁게 반응했다.

언젠가는 이상한 궁금증이 일어 제자들에게 물었다.

"여러분들은 대체 내 수업이 왜 좋습니까?"

조금 엉뚱한 질문이었지만 나는 정말 학생들의 반응이 궁금했다.

"선생님 수업은 열려 있어서 좋아요!"

"정답에서도 오답을 찾을 수 있고, 오답에서도 정답을 찾을 수 있다는 걸 배울 수 있어요!"

"다양한 학문을 두루 경험할 수 있어요!"

학생들의 반응은 가지각색이었다.

학생들은 내 수업이 좋았는지 모임을 만들어 다음 학기 수업을 함께 듣고 기수까지 만들었다. 학생들의 반응과 그들의 이야기를 직접 들어보니 내가 지금껏 수업을 어떻게 해 왔는

시 알 것 같았다.

'내가 배운 대로 가르치고 있구나!'

지난날 나의 경험들이 헛되지 않았다는 생각이 들자 부끄럽지만 어쩐지 뿌듯한 마음까지 들었다.

서울대학교 교수로 있으면서 2년 동안 연세대학교에서 강의를 했다. 그리던 어느 날 이화여자대학교에서 제의를 해 왔다.

이화여자대학교에서 '에코과학부'라는 새로운 학부를 만들어 줄 테니 이곳에 와서 마음껏 전공 분야를 연구하고 학생들을 가르쳐 달라는 것이었다.

더욱이 내가 직접 교수 세 명을 임명할 수도 있다고 했다. 그 어디에서도 받아 본 적이 없는 제안이었다. 제안만 생각한다면 당장이라도 옮기고 싶었지만 쉽게 결정을 내릴 수가 없었다. 이화여자대학교는 내게 충분히 고민할 시간을 주었다.

그리고 2006년, 결국 나는 이화여자대학교로 자리를 옮겨 에코과학부를 만들고 학생들을 가르치기 시작했다. 그러면서 미시간대학에서 감동받은 바 있던 프로그램을 본 뜬 '통섭'을 자연스럽게 실천에 옮기게 되었다. 내 연구실 한쪽에는 '통섭원'이라 이름 붙은 토론의 장이 마련되었다.

통섭원은 학생들은 물론 대학교수와 연구원들이 자연스럽게 모이는 장이 되었다. 통섭원에서의 모임은 시간이 지날수록 미시간대학의 수요 점심 모임처럼 전공 분야를 넘나드는 학문의 정거장이 되었다.

많은 사람들이 그때 그 시절의 나처럼 다양한 학문에 대한 관심과 열망을 가지고 있었다. 내가 미시간대학에서 느꼈던 설렘과 감동을 그들 역시 그대로 느끼고 있는 듯했다.

나는 지금도 에코과학부와 통섭원을 통해 진화생물학과 과학에 관한 사회적인 관심을 이끌어 내기 위해 노력하고 있다. 그러기 위해서는 꾸준한 연구는 물론 실천적인 대안을 제시하는 것도 필요하리라 생각한다.

그리고 그런 대안의 일환으로 나는 제인 구달 선생님과 함께 2013년 '생명다양성재단(The Biodiversity Foundation)'을 설립했다.

'나'의 생명만 존귀하고 '남'의 생명은 하찮게 여기는 풍조가 확산되고 있는 요즘, 오랜 자연 연구에서 얻은 깨달음을 바탕으로 더불어 살아가는 삶을 실천하려고 노력 중이다.

생명다양성재단은 지구와 지구의 동식물들 그리고 사람들

을 위해 좀 더 구체적이고 적극적인 활동을 펼쳐나갈 것이다. 동물을 보호하는 것은 물론 모든 생명을 위해 환경을 되살리는 일을 교육 사업과 풀뿌리 환경 운동을 통해 이루어 갈 것이다.

또한 생명다양성재단은 남녀, 세대, 문화, 빈부 갈등 등 다양한 인간 사회의 문제들도 두루 보듬고 장기적으로는 순수 과학 연구 지원 사업도 함께 할 것이다.

아울러 제인 구달 선생님의 정신과 철학을 계승한다는 점에서 1977년 설립된 제인구달연구소(JGI)의 한국 지부 역할도 하게 된다. 그리고 보니 제인 구달 선생님과의 첫 만남이 어렴풋이 떠오른다.

1996년 나는 한 통의 전화를 받았다. 월간 〈과학동아〉였다. 제인 구달 박사가 한국에 처음 방문하니 인터뷰를 해 달라는 내용이었다.

"몇 시요? 어딘데요?"

나는 상대방의 말을 듣는 둥 마는 둥 가타부타 말도 없이 무조건 시간과 장소를 물었다. 제인 구달 선생님은 유학 시절부터 존경하는 분이었는데 한 번도 뵌 적이 없었다.

"무슨 일이에요? 왜 그래요?"

내가 뛸 듯이 기뻐하자 옆에 있던 아내가 놀라 물었나.

"제인 구달 선생님을 만나게 됐어!"

나는 어린아이처럼 소리쳤다. 그날 대담에는 결국 아내는 물론 아들 녀석까지 동행했다.

이후 2002년 일본 영장류연구소에 갔을 때 마침 그곳을 방문한 제인 구달 선생님을 다시 만나게 되었고 선생님께 인사를 드리는 김에 용기를 냈다.

"제인 구달 선생님, 혹시 제가 한국에 초청하면 오실래요?"

"가야죠."

워낙 바쁘신 분이라 안 된다고 하실 줄 알았는데, 구달 선생님은 흔쾌히 승낙을 해 주셨다.

이후 제인 구달 선생님은 한국에 자주 오시게 되었다. 그때 그 인연이 17년 동안 계속돼 생명다양성재단까지 이어지고 있으니 놀라울 따름이다.

2013년은 어느 때보다 분주한 해가 되었다. 11월 환경부 산하 국립생태원의 초대 원장으로 임명되었다. 우리나라 생

▶ 지금까지도 이어지고 있는 제인 구달 선생님과의 인연.

태 환경을 보전하고 학문 발달을 위해 내가 할 수 있는 일이 더 있지 않을까, 라는 생각에 선택한 일이다.

지금까지의 내 삶을 정리하는 단어는 아마도 '꿈'이 아닐까 싶다. 이 세상에 쓸모없는 꿈은 없다. 나는 이 믿음을 가지고 긍정적이고 적극적이며 낙관적으로 살았다. 가슴속에 한번 자리 잡은 꿈은 어떻게 해서든 이루려고 노력했다. 물론 실패로 끝난 꿈도 있다.

그러나 나는 그것이 실패라고 생각하지 않는다. 꿈을 이루려고 했던 노력 그 자체만으로도 그 꿈은 이미 성공한 셈이라고 믿고 싶다. 그러니 꿈을 쫓아내려고, 꿈을 버리려고, 꿈을 포기하려고 하는 것은 어리석다고 생각한다.

쫓아내고 버리고 포기하는 일보다 더 쉽고 간단한 건 그 꿈에게 꿈의 자리를 내주는 것이다. 마음속에 항상 '꿈의 빈자리'를 만들어 놓으면 좋겠다.

나의 좌우명은 '알면 사랑한다'이다.

우리는 서로 잘 알지 못하기 때문에 미워하며 헐뜯고 산다. 자신은 물론 다른 생명에 대해서도 속속들이 알게 되면 결국 사랑할 수밖에 없는 게 인간의 심성이다.

이 세상에 사랑처럼 전염성이 강한 질병은 없다. 알면 사랑하게 되고, 사랑하면 행동하게 된다. 우리를 둘러싼 모든 이웃과 자연에 대해 더 많이 알려고 노력한다면 이 세상은 점점 더 아름답고 밝은 곳이 되리라 믿는다. 바로 이 앎의 길이 내가 살아온 길이고 앞으로도 살아갈 길이다.

최재천 교수가 걸어온 길

1977년 서울대학교에서 동물학 학사 학위BS를 받음

1982년 펜실베이니아 주립대학에서 생태학 석사 학위MS를 받음

1986년 하버드대학교에서 생물학 석사 학위AM를 받음

1990년 하버드대학교에서 생물학 박사 학위PhD를 받음

1990~1992년 하버드대학교 생물학과 전임강사

1992~1994년 미시건대학교 생물학과 조교수

1994~2006년 서울대학교 생명과학부 교수

2000년 제1회 대한민국 과학문화상(과학기술부-한국과학문화재단) 수상

2002년 제8회 한일국제환경상(조선일보-마이니치 신문)

2004년 대한민국 과학기술훈장(도약상)

2006~2013년 이화여자대학교 자연사박물관 관장

2007~2008년 한국생태학회 회장

2007~2013년 이화여자대학교 대학원 에코과학부 석좌교수

2013년 11월 환경부 산하 국립생태원의 초대 원장으로 임명

꿈을 주는 현대인물선 17

자연을 사랑한 최재천

1판 1쇄 발행 2014년 3월 25일
1판 2쇄 발행 2015년 6월 25일

글 최재천 | 그림 최경식
펴낸이 안성호
편집 이소정 조경민 강별 | 디자인 이보옥 황경실
펴낸곳 리젬 | 출판등록 2005년 8월 9일 제 313-2005-00176호
주소 121-821 서울시 마포구 동교로9길 9 102호
대표전화 02-719-6868 편집부 070-4616-6199 팩스 02-719-6262
홈페이지 www.ligem.net
전자우편 iezzb@hanmail.net

©최재천 ©최경식

이 도서의 국립중앙도서관 출판시도서목록(CIP)은 서지정보유통지원시스템 홈페이지(http://seoji.
nl.go.kr)와 국가자료공동목록시스템(http://www.nl.go.kr/kolisnet)에서 이용하실 수 있습니다.
(CIP제어번호: CIP2014008250)

ISBN 979-11-85298-13-9
       978-89-92826-87-7 (세트)